我が生い立ちの記

―つれづれに

上野明子
Akiko Ueno

文芸社

現在では差別的表現となるものがありますが、著者および当社に差別の意図はなく、当時の時代背景に照らし合わせ、そのままにしてあります。何卒ご了承ください。

我が生い立ちの記——つれづれに●目次

第一章

幼児期のこと

私は昭和一五年生まれです。幼い頃に急性肺炎を二回も患って、生死の境をさ迷うといったくらい皆をハラハラ心配ばかりかけていたそうです。

上野家の四女として生まれた私は、母親の乳がもう出なくなり、どうして乳を与えたらよいか、このままでは危ういと両親とお医者様が話し合っておられるのを不思議なことですが後になって、うっすらですが確かに聞いたような気がします。その時、

「いや、私がきっと治して見せます」

と、お医者様が言われたことも。後になって聞くところによると、その時両親は泣いて何度も何度も頭を下げていたそうです。

私の寝ていた部屋の棚には、薬のビンがズラリと並んでいました。貧しかった我が家がどうしてお医者様に支払うお金をやりくりしていたのかと、お医者様が帰った後で父が姉に聞いていました。姉は確か天井裏の右だとか、左にしまっていたとか言っていたと思います。

私は注射と薬と重湯等のお蔭で元気を取り戻せました。

やれやれ、ひと安心という時に今度は三女の姉が病気であっけなく亡くなってしまいました。私は庭座敷で、ハンモックに寝かされている時、親戚の方や近所の方達が、亡くなったのは私だと間違われてお悔みに来られました。でも残念なことに私は姉の顔も覚えていません。知恵遅れのような私だったのでした。

雨だったか、雪の日だったか覚えていませんが、母と姉が、私と妹を背負ってねんねこでくるみ、お医者さんへ連れて行ってくれたことは、うっすらと覚えています。

八人兄姉で、すでにもう兄二人と姉が亡くなり、五人姉妹になっておりました。六女が生まれたことは、後で聞きました。この頃の両親の苦労もさぞかし大変だったと思います。

親戚のおばあちゃんが私に、

「この子は泣き虫やな、べべが泣くよ。昔だったらあなたはお姫様で。綺麗《きれい》なべべが汚れるがな」

と、にっこりしながら言われたのです。何故かこの言葉を忘れずにいます。

「もう泣きへん」

と、この時の私は言ったそうな。

また、ある時は夜泣きをした私に、

「怖い夢でも見たのか」

と、両親が聞いた。何か頭の中で、うっすらと覚えていることは、それは私が寝ている時に、四本足で尾の長い物が足もとを通ったことです。これは現実なのか、夢なのかなあーと父に話してみた。

「そうかー」

と、やさしく宥《なだ》めてくれた。

朝になって母がお布団を捲《まく》り、私のお尻をポンと叩いた。私は夜尿《おねしょ》をしていたのです。そんなことが何度もありましたが、母は決して怒りもせずに着替えを渡してくれました。

私は、

「おかあちゃん、ごめんね」

と、何度も謝った。母はきっとあきれていたと思います。ごめんね、おかあちゃん。

夜、小さい電気をつけて家族でイロリを、囲んだ食事の時に、私は母に、

「お母ちゃん、お嫁さんに来る時に人力車であんなにたくさんの荷物を持って来たんやなあー、うちな、柿の木に登って見ていたんやで」

と、言うと皆は吹き出した。

「影も形もないのに何を見て、あんた何をまた言い出すんや」

と、大笑いした。私はキョトンとして、父の膝の上に座っていた。後で母に聞いたところによると、家族の者は、

「この子の頭の中どうなっているんだろう、突然に何を言うのやろ」

と、びっくりしていたそうな。

自分ではその時ホントにそういう情景が頭にふと、ひらめいてくるのだから何を言

われてもしかたがない。またある時は、大きな電気をどうしてつけないのかなあーと独り言を言ったそうな。当時は電気のかさに黒い布をかぶせていたということを後で聞いて、何となく納得したこともある。何日か経って、ラジオをつけていると、誰かが何か言っておられた。家族の大人達は皆、頭を下げて沈んだ様子だった。私は戦争のことは何も知らずに外で遊んでいると、飛行機がたくさん飛んでいるので、

「お母ちゃん」

と、何度もその度に母を呼んだ。

終戦後は、農家をしていた我が家には物々交換に次から次へと人が来たので、子供達は家の中で遊んでいた。

秋のことです。私は、お米作りのことは何一つとして分からずにいた。近所の人が、通りすがりに、

「もう稲刈りがすんだことやし、今晩は里芋入れて、『五目飯』や」

と、言われたので、母にわけを聞くと、

「それはな、百姓さんのひとつの、お祝いや」

と、言っていた。人間は生活するのに何かうれしいことを考えているのだなあーと

感心した。

私も少しづつ身体もよくなり、母の仕事を見に行ったりした。むしろの上に、モミを広げて干してあった。風が吹くと、「シダたたし」をしていた。

「風はどこから来るのかな」

と、聞くと、母は、

「シベリアから来る」

と、言ったように思います。その時は、その答では、私の疑問には何の解決にもならなかった。この会話をそばで聞いていた父は、

「うふふ」

と、笑いながらモミを片づけていた。

夕方になり、畑で野菜を採りながら母が私に言ったことは、

「亡くなった姉がな、私のまねをして人参の葉を全部引いて洗っていたので、びっくりした」

と、話しました。でも、それは、私に注意のつもりで言ったのだと思います。

十一月の旧、亥の子の日には、一升《いっしょう》マスに南天の葉を敷き、その中に、ぼた餅（亥

の子餅）を入れて、稲刈り鎌や、ウススリ機等の横にお供えしてから、夜に皆でお下がりを頂きます。ある日、姉が、

「池の横にあるフタ付きのお膳を少しずつ持って来て」

と、言った。家族の人数分が洗って干してあったのです。その中へ食器を入れて、戸棚の「水屋」へ片づけるのです。お天気のよい日だけお膳を洗うのです。

お正月前には、餅米を洗った白水を風呂に入れて、不足分は井戸水を足して炊く。これは、一年に一度のことだった。私もバケツの底だまりくらいの白水を運んだように思います。当時の我が家は五衛門風呂で「ゲスイタ」を入れ、上から踏んで沈めて入るのです。父と一緒に入ったが、せまいのでお釜に体がふれると熱かった。

当時のお正月のことはどんなに思い出そうとしても何も覚えていない。

ある日、父が私に、

「もうすぐ学校へ行けるよ、だから、もっと元気で丈夫な子供にならんとあかんで。このままではみんなについて行かれんようになる」

と、注意してくれました。

「少しずつ、自分のことは自分で出来るようになれ」

という言葉だったように覚えています。お風呂は「五色」の電気でしたが、一人で入りました。しばらくすると「ゲスイタ」が動き、浮いて来たのです。私はこのままではきっと吸い込まれるのかと思い、びっくりして洗い場でいそいで体を流して飛び出ました。本当に怖かったので、もう一人でお風呂へ入るのはいやだった。

田舎で、「すき焼き」と言えば、お正月とお盆、それと何かの行事がある時だけ食べるもので、肉は牛ではなく鶏肉だった。すき焼きの時には、鳥の喉骨《のど》も、石臼の上で鉄鎚で叩いて、団子にして食べさせてくれた。また山兎を獲って来たり、木の中にいる四センチくらいの虫を焼いて食べさせてくれたりして、私の身体が、いや骨が丈夫になるようにと、父は一生懸命でした。

兎は、針金を輪にして木に括りつけて置いて獲るのです。それとまた田んぼへ行くとイナゴがたくさんいましたので竹串を作ってもらい、イナゴを捕り、焼いて、お醤油をつけて食べました。それからは不思議と鰯や秋刀魚《さんま》の頭と尾っぽ以外は、全部食べられるようになりました。

第二章　小学生時代のこと

私も元気になり、入学式は兄のランドセルを背負って、母に連れられて学校へ行った。

この頃の記憶で残っていることは確か、最初に習った字は「ん」でした。変ですがそう今でも思っています。

毎日、学校へ行くのがホントに楽しかった。でも先生には、「苦しそうなので、少しお休みして家で勉強しなさい」

と、言われた。でも、

「どうしても学校に行きたい」

と、言って、こっそり学校へ行ったら、

「では、もう少し様子を見てから考えましょう」

と、言ってくださった。

何日かしてから、両親宛に手紙を渡してくださったので、学校を休むことになった。数日経ってから先生が教科書とノートを持って家にまで来てくださった。すぐ後で、お医者様が、

「登下校の時、顔が見えないので心配になった」

と、往診に来てくださった。

「私はいつも見ているよ」

と、やさしく言ってくださった。何故か周りのみんながとても優しかった。私が学校へ行った時には、お医者様が自転車で見に来て途中まで送ってくださったこともあった。それほど体が弱くて、とうてい学校へ行くのは無理だろうと大人達は心配したが、でも私はみんなと一緒に学校へ行って勉強したかったのです。

参観日には、チー姉ちゃんが来てくれた。私を見ていると、

「少し苦しそうに思えた」

と、家で話していた。

「本人が学校へ行きたいというのなら、無理のない程度に行かそう」

と、相談していた。寒い時はマンガの主人公が履くような靴を買ってもらい、うれしくて学校へ履いて行った。傘も油を塗っていないので、すぐに穴があいた。二年生になって、少しは体力がついて身体も落ち着いただろうと、両親も少しは安心していた。

ある時、結婚式に招待されました。と言うのは、ある大役があって、酒注ぎを男の子と二人でするためです。私は毎日毎日練習をしました。敷居を踏まない、畳の縁を踏まない、下ばかり見ていたらあかん、何歩か数えて歩くようにと、それは、それは厳しかったように覚えています。後で招待してくれた人から、

「御苦労さん大変だったね」

と、言って、お礼を言ってくださった時には、私も「ホッ」としました。その結婚式の時に聞いた言葉で、

「あんたは亡くなった伯母さんによく似てるな」

と、みんなが口々に話しておられたことが印象的でした。このことを後《のち》に父に話すと、

「そっくりや」

と、言いました。私はその家でおじいちゃんに大事にしてもらったり、お兄ちゃんがよく遊んでくれました。でも、お嫁さんが来られてからは行かなくなってしまった。

私も学校をよく休んだので、勉強をしなくてはと思うようになった。入学式の時はまだ幼稚なもので、玄関の所に何か立っているとしか思わなかったが、二、三年頃よりあの像が気になり始めた。それは「二宮金次郎」さんであった。薪を背負い本を読みながら立っておられる。偉い方なのだなあーと思いました。私は思わず手を合わせました。暴風雨と雪の日は寒くないのかなーと独り言をつぶやきながら。

私はその後も何度も廊下まで見に行った。ある時は小使いさんが「カラン、カラン」と鈴を大きく振って鳴らして、学校内を回っておられた。小使い室の横で、金次郎さんを見て、私は、

「偉い方だね」

と、言った。すると、小使いさんは、

「ウーン」と頷《うなず》かれた。

「柴刈り縄ない
草鞋を作り
親の手助け弟を世話し
兄弟仲良く孝行を尽し
ゆからん金次郎」

だったと思う。この詩は、どこで覚えたのか、分かりません。

私は親に心配ばかりかけているけど、いつかは私も金次郎さんのように立派な人になれるかなあーと希望を持ちました。でも、

「今は無理や、早く丈夫な身体になりたいな」と、思うばかりだった。

当時の我が家は茶作りをしていた。子供らみんなで茶葉を摘《つ》んで来て、母が蒸籠《せいろ》で蒸し、父が茶室に入り炭火のホイロ(培炉)の上で手もみをしていた。目が離せないの

でお弁当を持って行き、少しだけ手伝ってみたら手が熱くて真っ赤になった。父が、

「おまえには無理や」

と、言った。

「大人は毎日、子供を育てるために大変な仕事をするんだなあー」

と、思った。何をしても私には無理なことばかりであった。結局、妹達と遊ぶことぐらいしか出来なかった。缶けりの缶を父に作ってもらって、竹馬も作ってもらって遊んだ。なかでも楽しかったのは、缶に穴をあけて針金を通してヒモで括り「カッポ、カッポ」と歩いて遊んだことだった。また縁側で、マリつき、お手玉、ゴムひもで童謡を歌いながら足に巻きつけて遊んだように思います。母が、私に足が痛くないように、藁に布を巻いたのと、道草を乾したのに布を巻いた草履を作ってくれていた。足が軽くて、本当に楽に歩けた。

「お母ちゃん、おおきに」

と、何度もお礼を言ったことを記憶している。

　夏休みに、「ラジオ体操」がありました。起きてみると子供心にはまだ薄暗かったように思いました。後から考えても、もうすっかり朝になっていたはずなのに……。

みんなで公民館に集まり体操をしていると、近所の人が外に出て体操をしていたので、私は思わず手を振ってみた。近所の人も手を振ってくださった。カードは表と裏に、妹と私のを貼りつけて、どちらが忘れてもいいようにしていました。帰りに印を押してもらいました。一つずつ増えていくのが、うれしかったのです。

七夕は、旧八月七日でした。畑へ行き、里芋の葉に露溜りがあるので容器に集めて持ち帰り、その露を硯に入れて墨を摺《す》って短冊に筆で書きました。私は早く丈夫になって病気を治してくださいということと、勉強がよく出来ますようにと、お願い事を書いたように思います。笹の枝にその短冊をつけました。母に、小豆ご飯でおにぎりを作ってもらって折りにしました。あくる朝、みんながめいめいに自分の家の笹を川へ流しに行きました。なぜか、さみしいような気持になりました。

大きい姉ちゃんが結婚したのはよく覚えていませんが、自転車でお使いに行く時に、よく後ろに乗せてくれた、優しいお兄ちゃんが家族になっていた。ところがある日、私は自転車に足を入れて、すりむいてしまった。とても足は痛かった。少しはれたので、「百足《むかで》の油」と「ケンリョウ」という薬を塗って包帯をしてもらった。学校へ行く時は、お義兄ちゃんが送ってくれた。本当に優しいお義兄ちゃんだった。

この頃、何のおやつもない私に母が大麦と大豆を煎って、石臼で挽いて「はったい粉」と「きな粉」を、作ってくれた。お義兄ちゃんも、私も少し手伝った、はったい粉は、砂糖と湯を入れて手早く混ぜて食べると、とてもおいしかった。お義兄ちゃんもおいしいと言っていた。料理をするのに砂糖がない時は、サッカリンを代用していた。一度なめてみたら、ビックリするほど苦いような変な味がした。

夜はラジオで「オテナの塔」が放送されていた。私は丁度その時シクシクと泣いていた。理由は母に叱られたのか、妹と喧嘩したものか、しばらく泣き止まなかった。するると母が、

「いつまでも泣いていると悪いおじさんに連れて行かれるよ」

と、言うのです。あくる朝、いつも優しいおじさんが、今日は怖い顔して、

「夜泣いていたんかて、おじさんの家に連れて帰ろか」

と、言いました。私はあわてて、おじさんに、

「もう泣かへんで」

と、言いました。母のことばを思い出して、あの時は本当に怖かった。それほど泣き虫だった私もこの頃から学校では、ドッジボール、馬飛び、鬼ごっこ等、皆と一緒

に遊べるようになりました。親もようやく安心して喜んでくれました。

でも身体検査の時には、やはり、

「ベッドに寝なさい」と、言われた。

お医者様は、「もう大丈夫や」と、にっこりとして言われたのです。

普通の子供と同じような生活になったので、もう今までのように甘えることは出来ないと思いました。でも、お医者様は、それからも、いつも温かく見守ってくださっていた。


四年生頃のことです。丈夫になったとは言っても秋の遠足には、帰りは先生が背負ってくださったこともあった。このことは、二十年経っても友達は覚えていて、よく笑い話になった。

先生からは、「学校から帰る時は兵隊さんが通るので、気をつけなさい」と、常に注意された。本当だった。学校からの帰り、ジープから降りて空き地で休憩されていた兵隊さんを見て会釈して帰った。

終戦後はよくジープが通ったが、私は、「バイバイ」と言って、手を振っていたように思う。

その当時は衛生面がよくなかったのか、やはり不潔だったのでしょう。男女共に頭からＤＤＴをかけられて真っ白になり、手拭を被った姿はまるでおばさんになったようでした。

休みの日には公民館で、婦人会の皆さんが、マクリを炊いておられたので飲みにいきました。口の中に苦味が残ったのが印象的でした。

終戦後は食料難のため魚類の配給があって、一匹の魚を何軒かで分割して分けたことがありました。農閑期が何日かあり、婦人会の方が公民館で食事を作ってくださり、楽しく皆で食べたように思います。確かその時はさつま芋の蒸したものと芋がゆ、芋あめ、小麦粉のだんご汁だったと覚えています。作ったお米は政府に供出していたので、家にはお米はなかったと言っていました。

「芋がゆといっても、お椀に顔が映るくらいでお米が少なく芋ばかりだった」

と、母も言っていました。

姪が生まれた時は、産婆さんが、

と、言われたことをうっすらと覚えております。その出産の時に義兄ちゃんは、いたのかなあー、いなかったのかなあー、思い出せません。

姪のお宮参りには、私がおんぶして、母と一緒にお参りした。お宮さんから大師堂、薬師さんまで歩きました。薬師さんの両側には仁王さんが並んでいます。中心には、神さんが祭ってありました。雷が鳴っても落ちないように守ってくださるそうです。

その横には源氏の石塔があり、そちらへもお参りして来ました。

「女の子や」

在所を歩いておりますと、

「おめでとう、お疲れさま」

と、言ってお祝いをヒモで結びつけてもらうのです。その度に、

「ありがとうございます」

と、言って頭を下げて帰って来ました。

「人を見れば鬼と思え」

と、どこかで聞いたような気もしますが、家では母が、

「いつどこで人様にお世話になるか分からないので、人様を見たら必ず会釈をしなさ

い。『おはようございます、こんにちは』、と挨拶をするのですよ」と、口グセのように教えてくれました。私は、母の言った通りに誰にでも挨拶をしていましたので、近所の方が母に、「娘さんには負けるよ」と言ったとのことでした。

五年生の頃だったと思います。海水浴に天橋立まで行ったことがありました。初めての海で、「こんなに海水は塩辛いのかなあ——」と、驚きました。塩水で目がはれてしまい、真水で洗って帰ったことも忘れられない思い出です。また、在所の方達と伊勢講の会で、天橋立までバスで行きました。遊覧船に乗ったら、男の人がお酒を飲んでいて、突然に船の上から小便を始めたのを覚えています。みなさん笑っていましたが、私は本当に驚いて笑えませんでした。

回転橋を横にして船が通るので、これにもまたビックリし、また不思議に思いました。成相山まで行き、笠松で全員で「またのぞき」をしたことも忘れられない思い出です。

秋のことでした。天皇陛下が、綾部を列車でお通りになったので皆で「日の丸」の旗を持ってお見送りに行ったことも懐かしく思い出されます。またどこかに、菊人形を見に行ったように思います。これら、生まれて初めてバスや船に乗せてもらったことは、うれしかったものです。

私が学校から帰ると、京都の従兄が来て、カラト（シーソーのようなもの）で、米踏みをしていました。

「お兄ちゃん、うちもしたい」

と、言うと、

「大丈夫か」

と、聞くので、

「うん」

と、言って台に上がっていると、父が、

「まだ、おまえは無理や」

と、言って無理矢理に降ろされた。

「足が弱いので危ないから」

と、言った。イロリの脇に座って天井を見上げると、こんにゃく芋が板の上に並べてあった。

「あれはな、全部供出するのや」

と、父が言った。数日後に俵に入れて本当に集荷所へ持って行った。小さいのは種芋で、切れた芋や形の変なのは家で食べるのでした。両親がこんにゃくを作ろかと話していたので、私も池で水を汲んで手伝いました。桶で芋を洗いました。大きな鍋で炊くのです。冷めてから皮を剥《む》きます。次に臼の中に入れ、杵で潰《つぶ》してから、藁の灰汁《あく》を入れて、掻き混ぜて軟かくなったら、木箱の型に流し入れて、お湯の中へ入れます。しばらくして浮き上がったら、こんにゃくの出来上がりです。私は餅のように手で丸めて湯の中へ入れた。私の小さい手で作っているのを見て、両親は、にっこりと微笑んでいた。初めてのこんにゃく作りのお手伝いの経験をして、何か大人の仲間入りをしたようで嬉しかったものです。出来立てを薄く切って、おさしみのようにお醤油をつけて食べたら、まあ、何とも言えずおいしかったものです。

　この年に修学旅行に奈良と京都へ行きました。京都駅に着きますと、人力車で荷物を運んでくれました。「いろは旅館」まで道のりをぞろぞろと町の中を歩いていると、白い着物を身につけ、片足がなくギブスをはめた人、片手のない人、眼帯をしている人等々、終戦の爪痕《つめあと》と言うか、気の毒な傷痍《しょうい》軍人達がたくさんいて、とてもお気の毒だと目に残りました。戦争でこんな体になった多くの人達がいたことを何も知らなかった私を恥ずかしく思った。

奈良では、大仏様を見に行ったが、後はほとんど印象にありません。

その当時の映画で「はだしのケン」を見て大変感動したことと、テレビで放映されていた「火垂るの墓」、だったか、この番組を楽しんで見ていました。あれは可哀相な話で涙が出て困りました。

夏の夜にホタル狩りに妹と行きました。菜種の茎を竹竿に括《くく》り、ネギを持って川まで行き、橋の上から螢が来るのを待って取り、ネギの中に入れて持って帰りました。蚊帳の中でこの螢を放して、その明かりを見ながら寝るのです。闇の中で螢が動く光線のようになって、とても美しかったものです。

チー姉ちゃんの結婚式の日に、トラックに乗って京都市内まで行くのを学校から見送りました。私はとても寂しくなったのを憶えています。

秋の遠足には、藁草履を履いて歩いて行くのです。途中で叔母さんが、私の通るのを待っていてくれた。

「よく来たなあー」

と、涙を流して喜んでくれた。そしておやつをいただきました。きっと母が事前に知らせてくれていたのです。思いがけないことで、うれしかったです。

学芸会では、合唱があり、花の面を頭につけて皆の前で中腰になり、ゆらゆらと体を横に振り、お花の役を演じたのと、楽器ではトライアングルで演奏したことがうれしかった思い出です。

冬のことです。掃除の時間に教室はストーブを焚きますから、バケツに水を入れて置いておきます。手は冷たくないが、他の場所を掃除する時は冷たいので、小使いのおじさんに、

「お湯を少し頂戴」

と、言うと、大きな釜からお湯をくださった。温かったです。

「おじさんありがとう」

と、言うと、

「また取りにおいで」

と、言ってくださった。

「いつも優しいおじさんだなあー」

と、心がホンワカと温かくなったように思った。

私は学校をよく休んだので、勉強も出来ず、成績も悪いのだけど、しかたがないなあと思っていた。ある時の放課後、皆でドッジボールをしていた時に、なぜか私は炭坑節を歌い出してしまった。と、先生が、

「これ！　何を歌っているんだ」

と、言って注意された。そして、ドッジボールが終わった時に、私に教室まで来るようにと、言われて行きました。私ひとりかと思っていたら他にも友達もいた。ローマ字の読み方と、掛け算の補習をすると言われた。あの時は不思議と読み書きがまちがえずに出来た。先生は、

「オー、全部合っているぞ。いつも今日みたいに自信を持ってやりなさい」

と、言われた。先生も私を心配してくださっていたのだった。そして、

「五年生、六年生も休まず学校へ来たし、丈夫になってよかったなあー」

と、言われた。通知簿は、すぐれている・ややすぐれている・ふつう・ややおとっている・おとっているの五段階だった。心配していたが、私の成績は何と、すぐれている・ややすぐれているが多かったのだった。おとっているは、足が弱かったので体

育だった。

先生は、

「よく出来た」

と、言ってほめてくださったので、とてもうれしかった。これも先生方や家族のみんなのお蔭と、心の中で「ありがとう」と手を合わせました。

卒業式のことは、今ではほとんど覚えがないのですが、「君が代」を歌った時は泣いていなかったように思います。いや、泣いていたのかな？

旧節句の四月三日の前日に、田螺《たにし》を採りに行って、たくさん採って川で洗って持ち帰りました。まずはお湯で泥抜きをして冷します。次に針で身を抜き取り、糠で洗ってから食べます。おひなさんにお供えをしてくれました。母は菱餅を作ってくれたり、巻き寿司も作ってくれました。

我が家のおひなさんは、土人形の立ちびなでした。

私が中学校へ行くお祝いのような気持で両親が買ってくれたものです。うれしくって胸が熱くなり涙が出ました。母が買って来てくれ、抱えて帰ってきてくれたものです。

第三章

中学生時代のこと

中学校へ入学してからは、バス通学をしておりました。友達も徐々に出来て、話しも出来るようになりました。

この頃になると私も身体が丈夫になり、みんなと一緒に遊べるようになってきました。でも走るのはやはり苦手でした。入学して暫《しばら》くして、自転車に乗る練習を始めました。

職員室へ通学許可証を貰いに行くと、たまたま母の知り合いの先生でした。先生は、

「フーン」と、言って、「気をつけて乗るのやで」

と、言ってくださいました。

それが音楽の先生でした。担当の先生でなかったので安心しました。

私もこれからが正念場です。小さい時から両親や姉達に優しくしてもらった分、世間知らずで、甘ったれだということは自分で分かっています。もっと頑張らなくてはと思っているものの、中学生の勉強もこれまでのようにはいかず、難しくて大変で、ついていけるかと気がかりでした。

ところが、そんなことはお構《かま》いなく家に帰ると、縄と鎌が用意してあり、牛の草刈りが待っていたのです。姉も厳しくなり、友達が来てくれても遊ぶことは出来なくなった。

あの時代は水道もなく、井戸から水を天秤で運んでお風呂に入れていました。お天気続きで井戸水がない時は、天秤をかついで川まで水汲みに行かなくてはなりませんでした。洗濯も川まで行き来していました。少しでも遅くなったら、すごく怒られましたから、ゆっくりする間もなかったのでした。

この時代は子供は当然、家族の一員として、働きをあてにされていたのです。

チー姉ちゃんがお嫁入りしてから家事を手助けする人がなくなりました。私は治療費をたくさんかけてもらって、家族の大切な大切なお金で大きくなったようなものでしたし、両親に大事にしてもらい、そのお返しのときがいま、ここで来たのだと思った。

少々のことで挫《くじ》けないよう頑張らなくてはと、私も一生懸命お手伝いをしているものの、悲しいことにテスト週間になると不思議と茶摘みと重なるのです。ですから、お風呂の炊きつけ用にする杉葉拾いの時でも、少しの間も無駄にしないようにとメモ用紙を持ち歩いて勉強した。また牛の草刈りと、蚕の桑採り等、目の回るような忙しさでした。でもそんな合間にも桑の実を食べながらしました。かわいたノドに甘酸っぱい桑の実の何とおいしかったことでしょう。

草刈りするのに昔は手袋もなかったのです。手はススキで切れて血が出て、最初は痛かったものです。父に手袋が欲しいと言うと、

「月給取りさんでもないのに、手袋はいらん」

と、言われた。

牛に草を与える時、大事にして愛情を与えてやると顔を覚えるのです。確かになつ

いているのが分かりました。一回りと言って、回っている間に草と餌をやるのでした。

そんなことが分かると、この牛の世話も楽しかったものです。一人で畑にいる夕暮れ時には、ふと何故、姉が先に天国へ行き、私が生き残ったのかと、思うことが何度もあった。これも神様が姉の分まで体の弱くてみんなに大事にされた分、長生きするようにと命を与えてくださったのかも知れないと心の中に収めた。でも、いくら思い出しても姉が笑って家族のために働いている姿しか思い出せずにいました。姉が可哀相……。姉も私もいつも手は切れて傷だらけでしたから、学校の授業中に鉛筆を持った時、傷口が切れているので鉛筆に引っ張られて本当に痛かった。本やノートを出す時や、ページをめくる時等も痛かった。でも何事も試練の一つと思って歯を食《く》い縛《しば》って、我慢をした。

中学校へ行くようになってからは、牛小屋の二階で寝るようになり、梯子《はしご》を使って上がり下りしていました。と言うのは、小屋全体に蚕を飼う棚が竹で作られていたのです。そして、母屋の座敷の二間共に、竹の棚が作られていました。座敷の真ん中には、床板を取りはずして、炭火を入れて、温度調節がしてありました。給桑台《きゅうそうだい》を置き、その上にハンカゴを置く。ハンカゴの上に紙を敷いて蚕を置き、その上から藁で編んだ網を置いて桑をやるのです。蚕が桑を食べている音を、耳をすまして聞いているると、バリバリ、ジワジワ、というような食べ方でした。蚕が大きくなるまで時間を見ながらくり返しするのです。

夜寝る時は必ず、「蚕さん、おやすみ」と言い、朝は、「おはよう」と、声をかけて、蚕とも接するようにしていました。

また、ある日、兎が箱の中にいました。箱から出して、牛と一緒に草を食べていました。タンポポやレンゲ草等を採って来て与えてやりました。

私のエサやりの仕事が増えてもよいが、そのかわり、「私に勉強を教えて」と、言いたいような気持で兎にエサをやっていたのだった。

いやいや、きっとこれも勉強の一つかも知れないね……。

鶏もいたし、またその鶏も卵を十個温めて、二十日程でかわいい雛《ひな》にかえりました。これを見ているとエサやりや世話のわずらわしさも忘れ、雛の目を見ていると憎めなかった。

忙しいけれど、これも皆家族と思うようになった。

お天気の日ばかりではなく、自転車通学ですから、雨降りの日は大変でした。とは言っても少々の雨なら、自転車で通いました。帰るのが遅くなれば、夜道を一人で歩く方が怖かったからです。

勉強の分からない時には友達に聞いたりして、頑張るしかなかった。中学からは英語があるので辞書と根比べでした。どの教科にしても先生の言われるのを、ノートに書けば分かるようになるだろうと思った。

農繁期には一週間の休みがありました。

田植え準備で忙しかったが、稲作には消毒をしないので、苗代に害虫が卵を産みつけているのでした。在所の中学生は紙袋を糸で首から提げて、ずい虫（稲につく黒い卵のこと）、と白い小さい蝶を捕りに行って、区長さんに持って行って渡した。

これらは田の中に入って中腰になってやるので、子供でも大変だった。でも一人の作業ではなくて友達と話しながら出来るので、楽しい面もありました。

田植は、横に行きながら下って植えるのです。

「田植が終ったので遊ぼう」

と、友達がせっかく誘いに来てくれたが、姉にピシャリと断わられて、うらめしかった。

自転車通学も暴風雨の時だけは途中からバスで行きました。帰りも早く学校を出てバスで帰りました。遅くなると家に帰ってからの仕事が暗くなって大変だから、ゆっくりと友達と話しているヒマがなかった。

公民館に映画がかかったことがありました。在所の方達が大勢見に来られました。フィルムが古いので、よく上映中に切れましたが、本当に楽しかったものです。小学校でも夏休みなどには映画の上映があり、夜だったのですが友達と座布団を持って見に行きました。楽しいことはすぐ終わってしまいます。こんな楽しい映画がもっと、映画の会がもっとたくさんあればよいのにと心から思ったものです。

家に帰ると時々地獄のように思うことがあった。でも仕方のないこと、と無理にもあきらめていた。当時の生活は学校にいる間と夜寝る時間だけが、私の唯一の身の置き処だと思った。

チー姉ちゃんが里帰りした時に二人で話し合ったことは、

「昔はお姫様かどうかは知らないけれど、ホントに生きていくのが苦しい時代やなあ。兄が亡くなり、女姉妹が生き残ったので、余計に苦しいのやなと思う。源氏の血筋が悪かったのかも知れないね。でも、きっとこの先に楽しいこともあるだろう」

と、姉と笑いながら話しました。今は何も昔の家柄を証明するものは残っていないが、現在三百年以上昔の石碑だけがある。

学校で、

「クラブのことで説明があるから」

と、言われ、教室に集まった。何か一つはクラブに入るように、という説明だった。

私はバレーボールに一応入った。練習には余り出られなかったが、全校のバレーボール部の方と一緒に出来たことが楽しかった。また、全校でタテ割り班として試合があり、未熟な私も仲間に入れていただけ、うれしかった。バレーという学校での楽しみが一つ増えたような気持になり、これで今まで以上に勉強も落ち着いて出来るだろうと思った。妹が三輪車を買って欲しいと言っていたが、父は、

「桜の花が咲いたら買ってやる」

と、言っていた。でも、我が家には何年経っても桜の花は咲かなかったようです。

私ばかりが父に大事にしてもらったので、妹達には済まない気持で一杯でした。でもその代わり今は厳しい修行のような気持で家の手伝いを全力でしている。友達と一緒

に遊べるのは、お盆とお正月で、お盆は午前様になったこともありました。お正月は、小学校から、青年団の方達と一緒に公民館に集まり、トランプ、カルタ取り、坊さん捲り等、色々な遊びで楽しく時間が経つのも忘れた夢のような夜が送れました。

田舎は、「農上り」と言って田植の後、雨が降ると区長さんが組長さんの家へ、

「今日は、雨喜びです」

と、言って各戸へ連絡します。それから遊ぶために公民館に皆が集まった。その時ばかりは父もさすがに何も言いませんでした。

担当の先生がある時、

「もう少し勉強を頑張れ」

と、言った後に、ふと私の傷だらけの働いている手を見て、さらに言われました。

「無理のないように、身体を大切にして、両立させなさい」

と。先生から、このような言葉を頂けるとは思わなかった。優しい先生だなと心から思った。家へ帰っても、うれしかったのにこのことは言えなかった。私の胸の内だけに秘かに収めた。自転車で通学の途中に、小雨で傘をさしていた時でした。砂利の中へ自転車の車輪が入り、ズズーッと横に滑べって行って、

「あっ」

と、声を上げたら、警察の方が立っておられ、自転車を全身で止めてくださいました。

「おはようございます。ありがとうございました」

と、親に教えられたようにこの時も言った。その時、

「気をつけて行きや」

と、言葉を返してくださった。言われて、私はとっさに学校で何があったのかと、びっくりして学校へ行きました。もう、どきどきしていました。何もありません。あれは私をただやさしく気づかってくださっただけだと知りました。それからは雨降りで傘をさしての自転車は心配だなあーと思っても、無理をしてでも自転車で行った。

ある日、私は田んぼで仕事をしていた時、

「父さんが大変や」

と、妹が大あわてで私を呼びに来ました。何事かと思って戻ってみると、父が胃潰瘍で多量の吐血《とけつ》をしていた。その時ほど、びっくりしたことはありませんでした。さっそく私がお世話になったお医者様に診察していただくと、

「入院せずに治して見せます」

と、力強く言ってくださったので、やっと安心出来ました。それからは父の食事は、

「パン、牛乳にして、注射と薬で治すから」

と、言われました。私は毎朝学校へ行くまでに牛乳を貰いに行きました。私は父へのせめてもの恩返しとまではいかないが、私をこれまで大きく育ててくれたお礼として、一日でも早くよくなってほしいので、一生懸命に祈りながら牛乳を毎朝、貰いに行きました。悲しくても泣いているヒマはなかった。今日までのご恩の分を、今度は私が父にと思い、頑張れました。

お医者様も私を見て、

「ここまでよく大きくなった」

と、びっくりされていた。私が小さい時に父の血液を輸血してもらったとも聞きましたので、どういうことになるのかと心配しておりましたが、お医者様にはとても言えなかった。

私が家の近くで、父の帽子を被り草刈りをしていると、近所の方の声がして、

「あれは誰かな。草を刈っているのは」

と、いう話し声がしました。ふと、上の畑を見て会釈すると、

「あんたか、頑張りや」

と、言って励ましてくださった。

また私のクセは学校の授業中に、時々、考える人になってしまうことです。それを担任の先生の受け持ちの授業中にやってしまったのでした。突然に、

「上野さん、顎が重たいですか？」

と、言われ我に返ってすごく恥しかった。この頃、やっぱり少し疲れているのではと、自分ながらに感じました。

運動会では百メートル走と障害走を走りましたが、どちらもビリでした。恥しかったが私の実力では仕方がなかった。でも、ウォーキングレースは少しだけれど早い方だった。私の身体と頭はやっぱり皆さんには、まだまだついて行けないんだなあと思った。気ばかりが焦っていた。でも余り贅沢は言ってはいけない、病気ばかりの身体が今日までこんなに大きくなったのだからと、自分に言い聞かせていました。

農繁期が一週間ありました。取り入れは、田んぼに五段くらいの〝いな木〟に刈り取った稲をかけて、そのまま一週間程置くのです。山田の田んぼは、はっきりは覚え

ていませんが、大小さまざまで、三十枚程で、早稲《わせ》でした。八月の終りに刈り取った稲は、岸まで出して広げて置くと早く乾きます。それを束ねて背負ったり担ぎ棒にして、峠越しで束ねた稲を持って帰るのです。父の病気が治るまでは本当にこれは苦しい仕事でした。

小屋一杯に入れておき、夜なべにガクン、ガクンという足踏み機械で稲扱《こ》きをします。時々手伝いますと、すぐに足がだるくなりました。友達は少女雑誌を買って学校で回し読みをしては、ノートに勝山ひろしさんの絵を書いて楽しんでおれるのに、私は何故同じようなことが出来なかったのかと悔みました。いや今は仕事が大事やと思い、頑張りました。お米作りも大変で、次から次へと仕事が待っていました。稲藁は畑の端にいいな木が作ってあるので保存用にします。秋が終れば、小屋の片隅で腰もとに、コタツを置いて縄ないとか、俵編み等をするのです。茅を刈り取りして、干したもので茅俵も編みました。冬になれば業者が買いに来ます。藁をクマデの小さいのではかまを取り、縄ない機械にそのまま使うのです。細い縄をなう時は、石の上で、てんころ槌《つち》で叩いて軟らかくしてから使います。

このように一年間農業をやっていくのには、大変な苦労がありました。私も夜、勉強をしながらのお手伝いを一生懸命しました。ですから、正直なところこのままではやっていけないと思い、父の病気が早く完全に治るようにと祈る毎日で、本当に辛かったです。

そんな時に妹が母の着物を着てひもを括《くく》り、お盆を持って、

「うち、腰元が似合うかなあー」

と、歩いて見せてくれました。みんなは、

「よく似合うで」

と、言って笑いました。私は、チー姉ちゃんと話していたことを思い出していました。勉強が身に入らない時、たまには友達と話をしたいなあー等と思うと、自然に涙が出ました。ある日、妹とお宮さんへ銀杏《ぎんなん》を拾いに行ったら、うれしいことに友達も来ていました。

「風の神さん、風吹いて」

と、言いながらたくさん拾った。それを川で洗って帰ります。

畑を見ると麦が伸びていた。母と私は、

腰に両手を当て
伸びた麦の芽トン、トン、トン
　青い畝床踏んで行く

と、歌いながら気を紛らわし、麦踏みをしました。近所の人が、「オーイ、頑張ってるな」と、言って通りました。

「ありがとう」

と、言って会釈しました。寒い日でしたが、母と一緒だと頑張って出来た。私も勉強をして成績を上げげなくてはと思い、時々は日曜を休みにして勉強をしました。もう半期もすれば、ぼつぼつ考えなければならないのが就職のことです。私も友達と同じように適性検査を習い始めていました。

チェスのようなピンを両手で移すのです。勉強も大事だが面接も大事ですから、両立させるのも大変でした。学校にいる時だけしか出来ない経験でした。勉強する時は、アチーブメントテストと睨めっこでした。

三年の修学旅行は、江の島、鎌倉、皇居の二重橋、国会議事堂をめぐりました。国会は中も見学しました。今でも印象に残っているのは江の島で、男性のガイドさんが、「声が見えませんので、もう少し前に来てください」と、言われた。このジョークに皆、大笑いをしました。他は何も覚えていないのに、この言葉だけは今でもハッキリと記憶に残っているのです。楽しかった旅行はアッと言う間に終わり、家に帰って来ると仕事が待っていました。農家で、しかも家畜やお蚕さんを飼っている者には、のんびりしている間なんてなかったです。私の人生、いや学生生活はなんなんだろうと、時々は思うようになりましたが、いくら考えても答えは出ないし、もちろん無駄なことだった。

学校の授業で使うノートは、ワラバン紙と同じ紙でしたので、書き直していると遅くなり、クラブ活動をしていた人が待っていてくれたので一緒に帰った。夜はノートの整理をする間もなく、自分の書いた字でさえ読めず、そのうちに疲れて寝てしまったりで、とても皆に追いつくのが大変でした。

今年が最後の学生生活で、皆これからはバラバラになるので、在所の人だけで海水浴へ行こうと、お誘いがありましたが、姉にピシャリと断られた。友達が楽しく遊んでいる姿を見るのはものすごく悲しく、私にも少しは自由がほしかったのです。中学校を卒業すれば就職するのだから、それまでは我慢しようと何度も涙をこらえながら、ぐっと胸の内に収めたものです。

それからは家の仕事を手伝いながら試験勉強も始めた。

いつも、メモ用紙に暗記することを書いては覚えていました。このメモだけが唯一の私の勉強の方法ですから、手放すことはありません。

畑仕事、草刈りと相変らず季節ごとに仕事がめぐってきました。また国語、数学、そろばんなどのドリルテストがありました。次から次へと勉強も大変でしたが、後日解答用紙を持って帰り、父に見せると、目を丸くして、

「よかったなあー」

と、涙をポトリと落しました。私は身体が弱かったし、満足に学校に通えず勉強が出来なかったので心配していたのです。英語の先生が、「最後のクリスマスだね」、と言って、〝ジングルベル〟の歌を、

「このクラス特別よ」と、言って英語で教えてくれました。

この歌を思い出しながら、ウォーキングレースに参加したらとてもリズムが合って楽だった。最後のウォーキングレースも完歩できたので、もう身体も大丈夫だと思い

ました。しかし、中学校を卒業したら、もとから上の学校には行きたくても無理なことが分かっていましたから、働きに出ようと思って父に話した。すると何ということでしょうか、すでに父は「定時制高校へ行けるように手続きをしてください」と先生に連絡してありました。

そんなことは夢にも思わず、何も知らない私に友達が、

「担任の先生が職員室まで来るように」

と、言われたので何かしらと思いながら行きますと、模擬試験の用紙と本を渡してくださった。

「今から、ボツボツと勉強をこなして行くように」

と、言われました。我が家の事情を知っての結論ですが、私の身体の負担のことを心配して、先生は言ってくださったのだと思いました。

友達は少しづつ就職口も決まり、楽しそうに話しているのを見ると、私はなんとしても受かって高校に行きたいと、ようやく思えるようになり、勉強を頑張った。今までのようには仕事も余り手伝えず、アッと言う間に三月が来ました。

今でも覚えています。三月八日、日曜日に本校で入試がありました。その時は、緊

張していましたので、全科目がうまく出来るのかと心配でした。もし、不合格だったら恥かしいし、親にも無理なのに進学させてやろうと思ってくれたのに……と思うと申し訳なくて、どうしていいのかと思った。でも、それこそ、なるようになれと、開き直ったように思います。

三年間は一度も休まず通学したので、皆勤賞を頂きました。

友達から、

「あんたは受験勉強で頑張ったので成績も上がったやろ」

と、言われた。私は「ドキッ」としたが、返す言葉がなかった。苦しかったというのが正直な三年間だったが、よく頑張ったと自分のことを心の中でホメてあげたいと思った。

卒業式がどうであったのかは、ずっーと泣いてばかりで下を向いていて覚えていません。一時は余りに辛くて、つい自暴自棄のようなこともありましたので、

「今日までよく通学したな」と、いうのが正直な気持でした。

卒業してから、数日後だったと思います。定時制高校の合格発表があり、中学校へ

行きました。

お蔭さまで、合格の通知を聞いて帰り、真っ先に父親に話しましたら、すごく喜んでくれました。

私もこれで、ようやくやれやれと言った気持になり、しばらくは緊張した心が急にゆるんで腑《ふ》抜けになったようになりました。

第四章

定時制高校時代

定時制高等学校は、四つの分校を合わせて一校にしたもので、幸い私の通っていた中学校校舎にあったので、中学生の持ち上りという感じだった。他校からは数人の生徒が来ていました。勉強も難しくなり、皆さんについて行けるかと心配でしたが、少しづつ学校のペースにも慣れてきましたし、また話し合えるような友達も出来て、ひと安心しました。

定時制高校は中学と違って一週間に三日休みなので、少しは身体も慣れてきて仕事も手伝えるようになりました。中学校と同じように、自転車通学でした。家の仕事も同じことで大分慣れてきました。それより、父が元気になってくれたのが一番うれしいことでした。姉は相変わらず働きづめでしたが、再婚したのは、いつだったのか……。

「おめでとう、バンザイ」と、言って皆でお祝いしたのは覚えていますが。やはり姉のことに関しては、あまり関心がなかったように思います。元々私と同じく、農業には向かないような気がしました。

父も自分の身体を養生しながら、仕事をしていましたので、私もそれを手伝っていました。ある時、学校で田植えの授業があり、一つ一つ先生に教えていただき、みんなで話し合いながら、腰の痛いのも忘れるくらいワイワイ楽しんで行いました。

男子は農業科で、女子は家庭科に分かれ、他にも今までに学んだことのない科目があった。家庭科では、お花、お茶、裁縫があり、少し残ってでも稽古をしていました。普通科目も家庭科も、みんなに遅れないようにと必死でした。帰りには必ず女子生徒と一緒だったので、途中までいろいろな話をしながら帰った。

家に帰ってからは少しの時間でも仕事を手伝いしながら勉強した。だから、テストだから手伝えないなどの無理も言えなかった。

私が廊下の窓から外を見ていると、中一の妹が来ていました。同級生の男の子も来ました。私が、「来ているよ」と、言うと、

「知っとる。〇〇さんやろ」と、先に言いました。どう通じたのか、

「うん、そうや」と、言って笑っていると、私の近くに〇〇さんがいたのでびっくりしました。妹も男の子も、顔だけ見に来たと言って帰っていきました。

この時の笑顔を見ていて、急にこの妹には、私と同じような苦労はさせたくないと思った。妹とは同じように自転車通学ですが、途中で会うことも、家でゆっくり話すこともありませんでした。

家では強い父でしたが、優しい時もあり、私はそんな父が大好きでした。ある日、自転車で家の前の坂道を下っていると、小石にハンドルをとられ、二メートル下まで自転車が落ちてしまった。私の力ではどうしようもなかった。それを見ていた父は、ひと言も怒りもせずに自転車を引き上げて、ハンドルを直してくれた。そして、

「学校に遅れるから早く行け」

と、心配そうに見送ってくれていた。そんな父に直接何も言えず、「ありがとう」

と、心の中で泣いていた。

私の在所には高校の女友達は誰もいなかったが、男子が数人いたので心強かった。時々一緒に行き帰りしてもらったこともありました。

この頃には中学校の時よりか幾分か身体が楽なようでもあった。杉葉取りに山へ行った時に、「ホーホケキョ」と口笛を吹くと、二メートル先の小枝まで鶯が飛んで来ました。何となく私の声に反応してくれて仲良しになれたと思って、うれしかったものです。これで山へ行く楽しみが増えたと思いました。

夏になると、薬草を買いに業者が来ますので、オーレン、ドクダミ等を採って集め、切りそろえて乾燥して束ねておくのも私の大事な仕事の一つです。ところがこれが大変な仕事なのです。

休みを利用して山へ行きました。自転車通学では自由がきくので、楽であり苦でもあった。雨の日は、駅まで自転車で行き、後はバスで学校まで行った。帰りはバスで駅まで帰ります。でも私は強引に学校まで自転車で通った。男子が行かれるのに、女子が行けないことはないはずと思って。当然誰かお連れがあると思った。

父に、雨カッパを買ってもらった。これで自転車での雨の日の通学も安心だった。

何度も思っても、高校の勉強は難しい。世界史、漢文、いや全部かも知れなかった。頭の悪さが今出て来たように思った。

小さい時、お祭りの獅子舞に頭をガツンとしてもらった時には泣き出したが、その時に、

「もう病気しないよ、頭が賢うなるよ」

と、言われたのですが、頭は無理でしたね。自分で努力しないと駄目でした。シクシク……。

「上野さん、花の球根持って帰り」と、農業の先生が私に言われたので、

「ありがとうございます」と、お礼を言って持って帰った。

「また欲しかったら言ってや」

と親切に言葉をかけてくださった。

学校の行事で秋の取り入れの後で、全校生徒で感謝会がありました。先生の手品とカラオケもありで、パン、ジュースで楽しい時間を過ごせたのも忘れられません。

運動会は、四分校が本校に集まり、多くの種目がありましたが、私は大原女《おはらめ》さんに

扮《ふん》するリレーでした。

いつものウォーキングレースもありました。後で足が痛くて大変でした。

家庭科では、全校女子で針供養の茶話会が初めてありました。ケーキ、コーヒー、お茶菓子等で、楽しい話し合いでした。こんな時は、帰りが遅くても姉は何も言わなかった。そのことがどれほど幸せだったか知れません。またこんなこともありました。私のクラスは授業中でしたが、上級生の女子が何人かで、「この世の花」を歌いながら廊下を通られたのです。私はハラハラしながら先生のお顔を見ておりました。先生はにこりとしておられた。さすが中学とは違うと、ユーモアのある学校だなあーと思った。

学校から帰ると山羊がいました。どこで貰って来たのだろうと思ったら、お乳を搾《しぼ》って義兄さんに飲ませている山羊でした。また、姉や私が学校へお弁当を持って行くのは麦飯だった。それらは、「何と麦が多いこと」と驚くほど麦だらけのものでした。私は何ところが義兄には、ごはんを炊く時に麦の上にお米が置いてあったのでした。私は何も文句も言わずに食べていた。でもこの頃、義兄は、毎日、お弁当を持ってどこへ行っていたのかは、私には覚えていないのです。きっとどうでもよかったのです。私は

「仕事を手伝って、学校へ行けたらよいのや」と思っていた。

雪が降って来た時に、父にオーバーを買ってもらい、元気に自転車で通った。やはり女性にはきつかったのですが、我慢して行った。男子生徒に、

「待ってー」と、言いながら必死でついて行った。

さぞ男子には迷惑だったろうと思いました。でもさすがに大雪の日はバス通学でした。こんな時が一番辛かった。バス停まで歩くのに、さらに朝は家を早く出なければならなかった。両親は心配して、「休んだら」と言ってました。でも勉強が一日でも遅れるのがいやで仲間のいる学校は休みたくなかった。雪がどんなに降っても家の中で出来る藁仕事はあって、私が帰るのを待っていた。


雪が解けると山へ炊事用の木を取りに行くのと、父が炭焼きをするので手伝いに行った。窯の中に入り、木を縦に並べて上に小枝を置いて、口までいっぱいに詰めた。これも口で言うのは簡単ですが、とても大変な仕事だった。でも父の大好きな私は父と一緒に仕事するのがうれしかったのです。母も時折り山まで様子を見に来た。炭窯に火が入ると、煙突から出る煙を見ながら、窯から離れることが出来なくなります。

そのためにお弁当を持って行き一緒に食べて、交代で用事をしました。父は一晩中、炭焼き小屋にいる時もありました。父は私に、山のことや炭焼きを教え込もうとしていたと思います。

私は学校があるので夜は必ず家へ帰った。こんな時にはよく死んだ兄のことを思い出した。死んだお兄ちゃんは勉強がよく出来たと、聞いたこともある。何故私は不出来なのかと申し訳なく思うこともある。いやまだまだ努力が足りないのだろうと、気合いを入れる私でした。

学校では授業が終わった後、先生が一緒に縄飛びや、バレーボールをしてくださったので、これも楽しかった。農業科の先生に花の球根をいただいて植えたから、ダリアと赤いカンナの花が咲き、我が家に来られるお客様や、郵便配達の方が見とれておられた。そのことを先生にお話すると、

「そう、よかったね」と、言われました。私も、

「ありがとうございました」と、必ずお礼を言いました。

ある日、廊下にいると、中学生の時にお世話になった先輩に会い、親切に言葉をかけてくださった。とてもやさしい先輩だった。私を覚えていてくださったのが、すご

くうれしかった。

苦しいながらも家の手伝いや勉強をしたりして、いろいろと考えているうちに、月日が経ち、妹は中学校を卒業してそのまま就職をした。私と同じようにはなりたくないときっぱり家族に言った。私も安心した。いや、正直にホッとした気持であった。でも反面、淋しかったのも事実で複雑でした。

高校も四年生になり、一学期には楽しみにしていた修学旅行で九州へ行った。その時は、四分校が一緒に出掛けました。阿蘇山、長崎のめずらしい洋館のグラバー邸、オランダ坂、長崎平和公園等ぽつぽつとは憶えていますが、ハッキリとは思い出せません。

夜になると女子の部屋へ男子が入って来たので、先生が見に来られて、一緒に話し合いも出来たりして、とても楽しかった。これが最後の修学旅行ですから、よい思い出をいつまでも残したい気持だった。

私は手が遅いので、家庭科が授業時間内に出来上がっていなかったので、職員室で見てもらっていると、男子が用事で入って来て、

「帰るんだったら一緒に帰ろ」と、言ってくれた。

急いで自転車置場で待ち合わせをして一緒に帰った。暗くなっていたので一人だったらどうしようと思っているところだったので、とてもうれしかったのでした。私はお兄ちゃんがいないので、男子に甘えることがないのです。だから、どうして頼ったのか、よっぽどせっぱつまっていたのかも知れない。

学校の行事もたくさんある中で、地区の下刈りや、木の苗植えも全校生徒が参加した。そのお礼で全校生徒がお食事会に行ったように思います。最後のウォーキングレースがあり、女子が先に出発して男子は、三十分後に出発したと思いますが、途中でやっぱり男子に追いつかれ、「早いなあー」と驚きながら、「待ってー」と、言いながら皆で走ったものです。

先生方も途中まで自転車で見に来られて、

「もうすぐや、頑張れ」と、言って、見守って励ましてくださった。

お蔭でゴールまで走れたことに関しては、私なりに自分をほめてやりたい気持だった。

一夜明けると少し足が痛かった。これも忘れられない経験の一つでもありました。

自転車で帰る時も足がだるかった。家に帰ってから、それでも休まず仕事の手伝いを少しだけはした。

家の仕事もマンネリと言いながら頑張った。後もう少しという気持だった。

学校へ行けば、テスト週間が間近に迫まり、勉強が大変だった。数学の時間に先生が、

「今日は自由勉強にしますので、分からないことがあれば聞いてください。回りますから」

と、言われた。分からないと思っているのは、みな同じ問題だった。製図ノートを見て、先生の言われたことは、

「線の引き方や」

と、ひと言だけ。それ以上ははっきりと教えてもらえず、

「ケセラセラ、で行きましょう」と、笑いながら言われた。

私はこの問題をきっぱりとあきらめた。テストに出ないと勝手に信じた。せめて小学校、中学校の時にしっかりと勉強しておけばと頭の悪さに我ながらあきれていた。こんな時にもつい、「お兄ちゃん、助けて」と、言いたかった。

冬休みに初めて京都のデパートで、お正月用品や食品のアルバイトをしました。これは想像していた以上の苦しい修行でした。朝は挨拶の練習で、礼儀正しくする。包装の練習、ナイロン袋に輪ゴムの止め方、食品を袋に入れること等を厳しく教えてくださった。時々失敗もしましたが、

「すみません」

と謝りながらの一週間でした。私のような田舎者に出来るのかと心配しましたが、店員さんやアルバイトの皆さんのお蔭でなんとかマルだったようです。私もよい経験が出来て、ちょっぴり自信のようなものも出来たと思いました。

終わった時には店員さんに、「お世話になりました」と、何度もお礼を言って帰ってきました。

一月十五日に成人式があり、学校の制服のままで出席しました。町長のお祝いの言葉をいただきましたが、大人になったという実感はありませんでした。青年団の人に卒業したら、ぜひ入団してほしいと言われましたが、私はよい返事はしなかった。と

いうのは、姉のことを考えると早く卒業して、この家を出たいということだけしか思い浮かびませんでしたから。卒業が心から待ち遠しかったものです。

雪降りの日、駅まで歩いて行くのには何十分も早く家を出なければならないし、大変でした。ところが日中は晴れたお蔭で帰りの頃は道に雪もなく、うそのようでした。バスで帰り、駅からはトボトボと歩いていますと、

「オイ、後に乗れ」と、言って声を掛けてくれたのです。

それは前にも自転車で一緒に帰ってくれた下級生の人でした。親切にしてくれてうれしかった。でもこれが最後だと思うと少し寂しい感じがした。

(とても親切にしていただいてありがとう)とのお礼の気持も言えなかった。

学校の先生方も親切で、定時制の生徒は苦労しているだけあって、どこか親切で皆なやさしかった。そのため楽しい高校生活が送れたことと、フォークダンスを皆さんと一緒に踊ったり、オルガンで、「ガード下の靴磨き」を教えていただき一生懸命練習したこと等、楽しい思い出になりました。

私は残念なことに一日だけ寝坊をして、農作業の日に学校を休みました。それで四

年間の皆勤賞がパーになってしまいました。

三月一日に本校で卒業式がありました。卒業祝いのお言葉をいただいたと思うのですが、覚えていません。

これで何もかもが自由になれた、ということだけしか頭になかったと思います。

第五章

社会人になって

社会人になると言っても、知り合いの方と一緒にお手伝いさんに行ったのがスタートでした。

私も十代の頃は人並に「家を出たい」「一人暮らしをしてみたい」とばかり思っていたのです。でも現実には両親と離れて暮らすことが、どんなに寂しく辛いものなのかということが、分からなかったのです。でも、バスに乗った時に、ああ、これで親元を離れて巣立つのかと思うと、なぜか涙が出てきました。

京都まで行き、私は明日からは、どんな所で働くのか、迎えてくださるのは、どのような家庭なのかと不安で一杯になりました。

最初は知り合いの家に行き、一晩泊りました。翌日会社の重役をなさっているお家へ案内していただき、自己紹介して、ご挨拶をしました。ここで一緒に来ていただいた方は、お帰りになりました。

私は初めてのことで不安な気持になりましたが、女の子がいたのでお相手していると、気が落ち着いて来ました。部屋は二階でしたが荷物も少ないので片づける程のこともありませんでした。夜になると、ご主人が帰って来られ、ご挨拶をして、食事の準備を手伝いました。

都会ですから、台所と勝手口が狭いので、ちょっと勝手が違い、困りました。馴れないことばかりで戸惑い、世間知らずな我儘娘にいつまで続くかと、心の中で毎晩泣いていました。

奥様が親切に、町内会を案内してくださり挨拶回わりをしてくださいました。子供さんと散歩をしていると、次第にご近所とも馴れて来ました。料理も少しずつ教えていただきました。そのうち、

「味噌汁は自分で作って」

と、言われたので作ってみました。

するとその朝、ご主人が、

「今日は味噌汁の味が変ったな」

と、言うのです。

「上野君、これから奥様にたくさんの料理を習って作りや」

と、親切に言ってくださいました。また、

「これからは、帰って来る楽しみが増えた」

と、喜んでくださいました。

洗濯、掃除、子供の世話が主な私の仕事です。近所を子供さんと散歩していると、

「あなたのお子さんですか」

と、言われたこともありました。

「違います」

と、答えると、

「少し似ておられるから」

と、言われました。少しずつ遠くまで足を伸して散歩しました。ある日、奥様が外出されて、お母様と一緒でした。

「お帰りなさい、ご苦労さまでした」

と言いました。後で奥様に、

「『ご苦労さま』は目上の方には使う言葉ではありません」

と注意されました。「なるほどなあー」と思った。初めて知りました。それからは使ったことありません。

社長さんから電話があり、

「上野です」

と、言うと、

「その声はもう馴れたんだな」

と、試しの電話でした。

その夜、ご主人の弟さんが来られました。身体の不自由な方で、松葉杖をついておられたのです。

「今夜二階で泊るので、上野君、横の部屋で寝てや」

と、言われた。こんなことは今までにも何度もあった。

私に、

「ピンチヒッターで、大学まで一緒に行ってくれるか」

と、おっしゃるのです。

「帰りはのんびりしてき」

と、言われたので、タクシーで行き、二階の教室までついて行った。帰り道、私は御所まで歩いて散歩していると、男物の時計が落ちていたので、ガードマンの方に渡したら、住所を聞かれた。その夕方に警察の方が来られ、皆なでびっくりした。

「上野さん、時計の持ち主が六ヶ月経っても名乗り出なければ、西陣署まで来てください」

と、言われた。奥様も、そんなことがあったのかと安心された。

だんだんと私も馴れて来たが、友達と話しがしたくなって電話をしてみた。相手も元気だったので声を聞いて、ちょっと落ち着いた。

ある時、町内会のバス旅行があり、奥様に申し込んでいただいて比叡山まで、一日ご近所の仲間入りをして遊んで来ました。みなさんは親切な方達だったので楽しい旅でした。祇園祭りはご近所の方とビルの四階から見ました。初めてだったので驚くことばかりでした。でも、暑い暑い一日だった。

地蔵盆には町内会の人達がみんな集り、盛大でした。子供達は「クジ」を引いて、お菓子を渡され大喜びでした。残ったお菓子は大人が少しずついただいた。ジュースを飲みながら楽しい会話になりました。

待ちに待った田舎に帰る時には奥様の服を、

「家で着たらよい」

と、言われていただいた。そしてお土産もいただいた。子供さんが、

「一緒に行く」と、言ったが、

「すぐ帰るからね」と、言って帰った。

家では両親も元気だったので安心した。

「よく帰って来たなあー」

と、父も喜んでくれた。友達に逢う訳でもなく家でのんびりとして過ごした。今度は家族も遠慮してか仕事するようにとは言わなかった。三日程で京都へ帰った。どちらとも「ただいま」だった。子供さんも待っていてくれていた。ある日、西陣署から、

「時計の持ち主が、来られなかったので警察まで来てください」

と、手紙が来た。印鑑を持って受け取りに行って来ました。帰る電車の中で、前に一緒にアルバイトをしていた人に出会った。私が、

「アレッ」

と、言うと、相手もびっくりした。

「あなたは今、大学生ですか」

と、訊くと、

「ハイ」

と、言われた。

「その節にはいろいろとありがとう」

と、お礼を言われた。

「お互い様です」

と、言って大笑いになりました。とても懐かしく思った出会いでした。

奥様に、

「学生時代に誰か好きな人があったの」

と、聞かれた。私は、

「学年下の人が好きだった」

と、言った。

「まだ学生だから」

とも言った。

「主人の会社には、あなたに合ういい人がいないので」

と、言うことだった。

奥様の留守の時に、子供さんと二人で昼食を食べていたのですが、私のごはんにコーヒーミルクをかけて、

「お姉ちゃん、これ食べて」

と、言われた。食べると、なんとも言えない味だった。でも、

「おいしかったよ」

と、言うと子供さんは喜んでいた。初めての試食だった。

私に成人式の通知が来た。二回も行く必要もないので欠席した。二十歳になったので投票の通知も来た、参議院か衆議院か忘れましたが、大きい選挙の時で奥様が、

「運がよいね」

と、言われ一緒に投票所に行きました。京都に来て初めての経験ばかりだった。でも時々、ホームシックになることがあった。家を出て思ったこと、なぜ私は会社勤めが出来なかったのか、何か手に職を持つような仕事をしなかったのかと、何度も思いましたが、私の頭が悪かったから仕方がなかった。勉強しながら家の手伝いをして、手は傷だらけで、いつも血が出ていた。それでも休まず仕事した。今いる所の奥様は子供の世話、洗濯、掃除をお手伝いさんがして、自分は親の家へ行ったり、美容院やデパートへ行ったりしておられ、「贅沢な人だなあー」と思った。

奥様に余り遠くへ行かないようにと、言われながらも、子供さんと御所まで散歩した。たくさんの人がおられ、気がまぎれると思ったからである。

時々、お使いに出ることもあった。その時に、

「今日は一人ですか」

と、言われたので
「ハイ」

と、答えた。散歩の時によく出会う人が、

「あなたは今の仕事が忙しいですか？」

と、言われたので、

「そんなに忙しくありません」

と、答えた。

「今、お寺が忙しいので来て手伝ってほしい」

と、言われた。

「奥様に相談してみるわ」

と、言って別れた。奥様とご主人に話すと、

「行ってお手伝いをしてあげて」

と、言われたので、一応辞めてお寺へ行くことにしました。荷物の片付けをして、

「お世話になりました」と、お礼を言って家を出ました。本当だったら別れに涙が出るものだが……。

お寺へ行き、挨拶をすると、

「来てすぐで悪いけれど、手伝って」

と、言われた。

「お薄茶碗を出して」

と、言って、みなバタバタ忙しそうにしておられた。住職さん、奥様、娘さんもとても忙しそうにしていました。私もすぐにお手伝いをした。お抹茶を入れてお湯を入れ、茶筅《ちゃせん》通しをした。お湯を沸かすのに忙しかった。その後でお茶をいただきながら、「よろしくお願いします」と、改めてご挨拶をしました。話す間もなく、お客様が来られた。

本当に忙しいお寺でした。私もまた、新しい仕事が始まり、どこへ行っても、掃除、洗濯は同じで、後はお客様の接待でした。

お茶とお花の先生が、娘さんにお教えに来られたり、竹内四郎先生、と言われたと思いますが、襖の墨絵を見に来られたりで、その度に、お薄をお出しします。また、クラス会とか、お食事会と言って多勢のお客様がいつも来られ、精進料理や会席料理をお出ししていました。住職さんを和尚さんと呼びました。和尚さんが胡麻豆腐を作っておられるのを手伝いしました。買物は、御用聞きの人が来られ、急な時は紙に書いてもらい、買いに走りました。全部ツケでした。

ある会社の実習生の大学生が二十人来られ、二十日間程は忙しい毎日でした。四人で一生懸命料理を作りました。定食も出していました。中には、

「おいしいよ」

と、言って豚とか鶏と野菜をどっさり入れて、土鍋を四つ出したこともありました。たまには、仲居さんもお手伝いに来てくれました。朝はどこも同じ料理で、特に変ったことはなかったです。みんなの後片づけが済むと、それから四人で朝食でした。ある時は大学生がいい曲を歌っていたので、

「なんと言う歌なの」

と、聞くと、『北上夜曲』でした。

「私にも教えて」

と、言うと、紙に書いて教えてくださったこともあった。

お盆には花火が上がりました。学生さん達と一緒に行って歌のレッスンをして、ていねいに教えてくださる親切な方達ばかりでした。学生さん達が帰る時に私達働いている者の四人の写真を撮って、数日後に送ってくださいました。この時の忙しさが終わった後は、気が抜けたようになりました。奥様が、

「息抜きに外出しよか、映画でも見よか」

と、言われたので、『雁の寺』を見に行きました。この映画には、あるお寺の住職さんと、そのお寺の話でした。内容は忘れましたが、奥様が、

「また、映画に行こな」

と、言ってくださったので、とてもうれしかったものです。

帰ると、お客様の申し込みがあり、また忙しくなりそうやなと思いました。でも、私は忙しい方が張合いがあるので楽しみです。毎月給料をいただいて、少しだけお小遣いを残し、後は銀行員さんが来られるので貯金しました。

「秋になると忙しくなるので、今のうちに実家へ帰っといで」

と、言ってくださったので急に帰ることになりました。実家では両親も元気にしていましたので安心しました。母が私に、

「話しておくけど……」

と、言った。それは私の友達のお母さんが、ある男子生徒の親に、

「定時制は誰でも行けるところや」

と、言われて頭に来たと、母に言ったそうです。私に話すと気にするので母は黙っ

ていて私には言わなかったそうです。定時制でも裏口入学をしたとかいう話も聞いたこともあったので、別に私は気にしなかった。どこにいても、必ず何か言う人はいるものだから。

妹が就職したから、「おめでとう」と、言って友達のお母さんが、話かけて来たそうです。

それは私のことで、よく分かりました。以前にもある友達が成績の件で私を妬《ねた》んでいたことがあった。余り勉強もしなかったので言われるのだと思って、気にしていなかった。私は裏口入学はしていないので、堂々としていたつもりだった。このことは、母には内緒にしていました。

「只今帰りました。お休みいただいてありがとうございました。両親が宜しくと言っておりました」

とご挨拶をしますと、

「お帰り、よく帰って来てくれたね」

と、三人が揃って言ってくださった。

「もうすぐ夜のお客様が来られるので、間に合って、よかった」

と、言われ、あわてて手伝いました。

お寺で展示会や結婚式もあり、大勢の方達がお見えになるので、配膳係さんも来られて大忙しになります。秋には「紅葉祭り」もあり、お客様も休憩に来られますので、お茶の接待もしました。お寺にお参りに来てお神籤《みくじ》を引いてお帰りになりますから、和尚さん、奥様、私とで筒の中へ入れる作業も大変なのです。だから私は、裏事情を知っていますので、どこへ行ってもお神籤を引いたことも、占いを信用したこともありませんでした。

秋の大祭には、お寺全体のお祭りで大賑《おおにぎ》わいになり、お薄、お茶の接待が大変で、配膳係さんや、檀家《だんか》の方達も手伝いに来られました。お寺の行事もたくさんあり、大変なのがよく分かりました。お茶会や忘年会がもうすぐあり、またお鍋の用意や会席と精進料理でお椀の用意もありで忙しくなります。部屋が上、中、下館とあり、全部お客様で満室になることも多く、忙しいのですが、とても楽しく仕事が出来ました。クラス会と学校の先生や、育友会の方々が忘年会に来られ、この時も大賑わいでした。私もあと何年したら、あのように大人になって、皆なと楽しく会話したり、お酒が飲めるようになるのかなーと思ったものです。

お休みをいただいて電車に乗って買い物に行くのが、息抜きの一つになりました。

私は、和尚さんのお使いで、画家の山本さんのお家へ行き、絵をいただいて帰ったこともありました。また花作りされている家にも行った。自転車なので気持よく走れ、学生時代を思い出していた。

「今日は和尚さんが檀家回りをされているので、二人で出掛けよか」

と、奥様が言われ南座へ行きました。大江美智子の二役を見に行きました。帰りに寄る所とは、奥様の好物のニシンそばの「松葉」でした。

「また来よな」

と、店を出ようとすると、何と和尚さんも来られ、

「やっぱりこのお店やと思った。勘が当った」

と、言われた。大江美智子の二役は、二回見せていただいた。和尚さんのお使いで、あるお家へも行った。そのお家、大村崑さんのお知り合いで、大村崑さん主演の南座公演があるので券をくださった。奥様と一緒に、崑さんの公演を見に行った。私は本当に倖せ者だと思った。良い人に恵まれている。その感謝を込めて、仕事も頑張って

出来た。

和尚さんが、檀家回りと托鉢に行って帰られたら、奥様と私は、和尚さんのお預りした袋を出して記帳する役のようなことも、任されるようになっていました。和尚さんも何も言わずに笑っておられ、ますます責任を感じておりました。

私はどこへ働きに行ってても、お正月をどのように過したのか、さっぱり覚えがないのです。きっと我が家のお雑煮でお祝いをしたと思いますが……。

ある日、娘さんが学生時代のアルバムを出して来られ、あれこれ見せていただいていたところ、

「これは同級生の林与一さんよ」

と、一枚の写真を見せてくれました。色の白いきれいな方だったと記憶しています。

私は京都へ出て来て、いろいろと学ぶことがありました。次は身につけることを始めようと思いました。学生時代に少しお茶を習いましたが、その時は他人事《ひとごと》のようで、それに家の事情もあり、落ち着いて習うことも出来なかった。

お寺へ来て、お茶のお手前が少しずつ出来るようになったことは本当にうれしかった。

二月の節分祭には、甘酒と粕汁を大量に作ります。セリを細かく刻んで入れて、お客様にお出ししました。特にこの日は一日中、大勢のお参りでしたので、檀家の方もお手伝いに来てくださいました。他のどのお寺も大忙しとのことでした。それから暫くして暖かくなるとお客様の申し込みがあり、また忙しくなりました。前に合宿した大学生が、「また、来ました」と、言って食事をして帰りました。皆礼儀正しくて懐かしかったです。

ある四月の日、奥様と「都をどり」を見に行きました。お抹茶を頂いてから、踊りを見ました。華々しく美しく、まるで別世界のようでした。両親にも見せてあげたい気持でした。

春になると忙しくなり、毎日のように部屋が満員になり、明けても暮れてもお客様が来られるというのは、ありがたいことやと思いました。

ある日、奥様が、

「旅行の計画を立てているの」

と、言うのです。

「お客様も少ない時期を選んで、北海道へ三泊四日の旅や。留守の間は頼むよ」

と、言われて、和尚さんと奥様は旅立ちました。娘さんも羽根を伸ばして、呑気に遊びに行かれました。私がいるので安心しておられたのだと思います。

私は、和尚さんが毎日されていた、お茶湯《ちゃとう》をしました。お寺の裏は墓地で、お参りされる方もおられました。

「こんにちは。ようお参りやす」

と、言いながら裏庭の草ひきと掃除をしていました。奥様のお母様が私のことを心配して様子を見に来てくださったので、お茶を飲みながら、ゆっくりとお話しをしました。

「あんたがいてくれたので、安心して行けたんや」

と、お礼を言っておられました。お寺と言えば大きなお座敷ですが、怖くもないし気楽にさせてもらいました。お寺で学んだことは、洗濯をして、「アイロンをかけなくても、敷のしをする。それを竿に干したら、シャンとする」と、言われ、カバー、シーツ、浴衣等を敷のしにしました。本当に美しくピーンとなりました。

お二人が旅行から帰って来られた時に、

「お帰りやす。お疲れさまでした」

と、言うと、

「ただいま。あんたがいてくれたから出掛けられたんや」

と、喜んでおられた。私もホッとしました。帰って来られてからは、また忙しくなりました。ゆっくりと落ち着いている間もなくお客様が来られました。申し込みの電話もあり、次から次へと大変でした。

それから数ヶ月後のこと、お寺の知り合いの方が娘さんを連れて来られ、

「お客さんで忙しいと聞いたので、この娘を置いてほしい」

と、言っておられるのを、私は耳にしたのですが、奥様は、

「あの子がいてくれるので」

と、話しておられた。私も聞いてしまった以上、気が収まりませんでしたので、数ヶ月経ってから、何か理由をつけて身を引こうと、思い切って話しました。すると、

「そんなこと、心配しなくてよい」

と言われましたが、何かトラブルが起きそうだと思った。

それから間もなく、「お世話になりました」と辞めて、姉の家へ行きました。

姉が管理人さんに部屋を頼みに行くと、住み込みでよい所があると言われ、次の仕事先へ行きました。私も姉の家で一晩ゆっくり話をしたかったのにと思ったが、姉も世間もそう甘くはなかったのです。新しい住み込み先のその家に行くと、いかにも京都の町という雰囲気でした。表通りは広く、人通りも多くて、いい所だなあーと思った。今度こそは長く続くように働かなくてはと思った。

「管理人さんの紹介で来ました」

と、ご挨拶すると、

「良く来てくれました。宜しく頼むわね」

と、言われた。私もお世話になりますと言いました。おかみさんとその妹さん、おかみさんの子供で女子高の娘さん、中学生の息子さんの四人家族だった。仕事の内容は掃除、洗濯はどこへ行っても同じでした。お客様が来られるのでお茶の用意をしたり、料理をしたり、急な時は出前を取ったりします。これまでは妹さんが一人でしておられたとのこと。

「あんたが来てくれたので助かったわ」

と、言われました。お客様がお帰りになったら後片づけをして、掃除をして、いつ来られても「準備よし」と言いながらの仕事でした。私はおかみさんをおかあさん、妹さん、お姉さんと呼んでいました。役職の方々の会議もありました。その時に、

「お茶の用意をして」

と、言われ、

「お姉さんが接待をするから」

と、言われた。ある日、外人さんが来られました。お姉さんも言葉が分からないので、困っておられましたが、すぐ後から通訳さんが来られ、ホテルが満室なので一泊させてほしいとのことだった。お姉さんもホッとされました。京都は行事、お祭りが多いので、よくホテルが満室になるそうです。


この辺も町内会というか組内に、回覧板が回って来ましたので、印を押して次の家へ持って行きました。ご商売をなさっている家ばかりでした。私が歩いていると、家の中からじっと見ておられました。それから表へ出ると、お互いに挨拶するようになりました。

私は今まで芸能人に会えるとは思っていなかったのですが、夜になって、ガイドさんが来られたり、Kさんと言う殺陣師の方ではないかと思うのですが、来られたり、

またミッキー・カーチスさんが、子達の写真を見せてくださって、
「可愛いだろう」
と、言っておられたり、ジェリー藤尾さん、坂本九さん、九重佑美子さん達がセリフをレッスンされていた。「ダニー飯田とパラダイスキング」（マナセプロダクション）の皆さんとお聞きしましたが、その方達はテレビを見ていると、一緒に歌ってくださった。私はそれから、ジェリーさんの「遠くへ行きたい」とか「ワシントン広場の夜は更けて」を覚えたのだと思います。歌詞は後で作られたと聞きました。ワシントン広場の夜は更けて……。この曲が大好きでした。

私は娘さんと電車に乗り、伏見のマンションまで集金に行きました。おかあさんの代わりに行かせていただいたのですが、よい経験をさせてくださったと思いました。

夜にはテレビを見ながら家族と話し合いも出来て、楽しく過ごしていました。

大晦日には、智恩院の鐘つき堂まで連れて行ってもらったが、大勢の人でとうとう鐘をつくのは無理でした。火縄《ひなわ》だけもらって帰りました。お正月には、お姉さんが伏見稲荷大社へお参りに連れて行ってくれた。大勢の人で歩くのが大変でした。京都へ来てから、いろいろな所へ連れて行ってもらって本当にうれしかった。他にはえびす

神社も歩いて行きました。道を覚えるためにとのことでした。私はお昼は仕事して、夜は週二回、習い事に行かせていただきました。ありがたいと思いました。そしてお友達も出来ました。

夜、表通りには、ラーメンの屋台が出ました。トラックやタクシーの運転手さん達が食べに来ていた。私はラーメンの丼を持って行って食べました。冬の寒い時などは何とも美味しかったものです。私もだんだん仕事にも慣れてくると余裕が出てきて、在所の友達に逢いたくなりました。習い事の時に外から友人に電話して、お休みの日の夜に逢ったりしました。とても懐かしかった。

友人と逢った時はまた、私も頑張って仕事をしようと思った。

ある日、記者さんが、「数時間、部屋を用意してください」と来られ、後からお連れの方も来られたことがありました。この日、お互いに親しくなりました。たまたま休みの日に交差点で信号待ちをしていたら、先日の記者さんがおられた。私は、思わず、「オーイ」と、言って手を上げた。記者さんも手を上げて待っていてくれた。

喫茶店に入り、お茶を飲みながら、記者さん達の仕事や彼女の話しをされて、「坂東三津美さんの、名取りの皆さんが歌舞練場で御披露されるのだそうです。それに彼女と知り合いの人も踊るので」と、言われたので見に行きました。とても奇麗で上手に踊っておられた。記者さんもうれしそうに見ていました。

私はその後、三日間お休みをいただきました。両親の顔を見るなり、懐かしくて涙が出ました。夜、父が寝ている布団に入って少し話しをしたら、これで満足だと思った。いい年をしてと思われるでしょうが、私は時々このようなことをして甘えていたのです。少しも恥かしいと思わなかったですよ。休みもすぐに終り、電車に乗って帰る時、寝過ぎて京都駅まで行ってしまいました。急いで乗り換えた電車は「車庫行き」でしたので、また乗り換えて「二条駅」で降りました。こんなことは初めてなので、びっくりし、帰る時間がとても遅くなってしまいました。

「お休みいただいてありがとうございました」

と、お礼を言いました。帰ってから、あわててお客様のお茶の用意をしました。

習い事の日に夜、眼科へ行きました。学生時代から少し変だったので、見てもらうと、

「不自由な事があれば来なさい」

と、言われました。前に重役さんが、

「運転免許を取らないか」

と、言われた時に、

「私は取りません」

と、答えましたが、以前から思った通り、やはり目が悪かったのでした。両親には言えなかった。当時は、夜、テレビで、『姿三四郎』が放映されていました。それを見るのが唯一の楽しみでした。

習い事の日に、倉丘伸太郎さんの家のある竜安寺へ行ったら、お母さんがおられた。『姿三四郎』を大阪公演の檜舞台であると聞いたので、両親にも見せてあげようと、お休みの日に神戸までチケットを四枚買いに行きました。

仕事は二日間お休みをいただいて、公演の当日私は昼見て、夜は駅で両親と待合せをして一緒にまた夜の公演を見て、サインをいただいて、神戸の叔父さんの家で一泊させていただき、朝六甲山へ足をのばしてから、駅で両親と別れて帰ってました。両親とのよい思い出が出来たので満足でした。

何日か経って祇園祭りがありました。ご馳走をいただいて、よいお祭りを見させていただきうれしかったのですが、それから少し経って、おなかが痛くなり、お医者様に診察していただくと、食当りですがすぐ治りますと言われ、お薬を飲むと治りました。お昼すぎに前に働いていたところの専務さんがお見えになり、

「上野君元気やったか」

と、言われ、

「お蔭さまで」

と、言いました。いずれ逢うことは分かっていました。

「お部屋空いてる？」と言って、芸能関係の方が来られました。ホテルが満室になると皆さんうちへ来られるのです。

ある日、「うちの子供が体操着を持って行くのを忘れている」と、言われ、私が中学校まで届けに行きました。こんなことも度々ありました。お客様に頼まれて買物に行ったこともありました。夜、習い事を少し遅らせて、その前にお医者様に行きました。

「この頃、胃がむかつくのですが」

と、言いますと、盲腸の気《け》がありますと言われ、暫くは普通に仕事をしていましたが、やはり苦しくなり、お姉さんに話しをして、一ヶ月間お休みをもらって、実家の

近くにある病院へ入院しました。知り合いの方がお見舞に来てくださり嬉しかったものです。お蔭ですっかり身体もよくなり、京都へ戻り、

「長いこと、お休みをいただいてありがとうございました」

と、ご挨拶して仕事を続けました。夜は同じように習い事に行きました。

ある日、私に縁談話が持ち上がり、「親戚の紹介」と言って両親から手紙が来ました。一度逢うようにと書いてあり、夜、約束の時間に、その男性と逢うことにしました。最初は町を歩き、喫茶店でコーヒーを飲みながら話しをしたはずだが、何をどのように話したかは覚えていない。二度逢って、三度目の時に電話で、「すぐ逢いたい」というようなことを言われ、おかあさんが「仕事の都合もあるので、無理です」と、言って断ってくださったら、それっ切り終りになってしまった。おかあさんとお姉さんが、

「あんたに悪いことをした」

と、言って、凄く謝っておられた。

「また、きっと良い人に逢えると思うよ」

とも言われた。

私はそれ以降も何事もなかったように仕事をした。私の勝手なことばかりで、いつもお休みをもらっていたのでと思い、仕事を今まで以上に頑張ってしました。お姉さんも、月二回程休みで出て行かれることがあった。その間はおかあさんと、お客様の接待をした。お姉さんもあんたがいてくれるから、休みが取れてよかったと言って感謝してくださった。私も時々は、表に出て近所の方とお話しをしたりと、楽しくさせてもらっていた。時には、

「買物に一緒に来て」と、お姉さんに言われて、ついて行くこともあり、こんな私でも少しずつみなさんから頼りにされていると思うと気持が落ち着いてきました。

月日が経つのも早く、クリスマス、次には、お正月とせわしないことばかりの年の暮れです。表を歩いておられる人も落ち着きがなく、どことなくせわし気なように思った。

少しずつ部屋の掃除をしながら、新しい年に向けての模様変えをしていった。お正月には伏見のお稲荷さんへ、お姉さんとお参りした。相変らずの人出だった。静かな所でお茶を飲んで帰ろうと言われ、喫茶店でコーヒーを飲んで帰りました。いつものことながら、お正月もアッと言う間に過ぎて、えびす神社へ歩いてお参りに行きまし

た。大勢の人混みの中を縫うようにして歩くことも慣れてきた。この感覚は田舎では決して味わえないものでした。

夜になり一人になると、私は今までの人生で苦しかったことを思い出したりして昔のことをしみじみと懐かしく思い出していました。また、夜になるとご飯を食べて、あとはテレビを見ては笑ったりして一日一日が過ぎていってました。私も時々は、このような生活をしていてもよいのかなーと、心のどこかで揺れ動いているような感じもしておりました。

ところが翌日、朝になれば気持よく用事をすまして一日が終って行く。お客様が来られたら、「おいでやす」と、笑顔で言ってお茶の用意をする。息子さんは、家庭教師の先生が来られて、一生懸命勉強をしていた。まだ中学生の時分から、先生が来られて勉強をするのかと感心したものです。田舎と違うので無理もない。いや、それが当り前なのかも知れないと思った。

ある日、父から、また手紙が来た。〝姉達が出て行ってから、今は二人で百姓をしているが、とてもこのままではやって行けない〟と、言って来た。私に、〝帰ってきて手伝ってほしい〟とのことだった。おかあさんとお姉さんに、訳を言って、

「お暇をください」

と、言って、頼みました。

家に帰ればもう夜の習い事も出来ないし、友達にも逢えなくなるし、内心は淋しい気持でした。

皆様にお礼を言って、月謝もお支払いして、急に帰ることになりました。

朝の用事をすましてから、荷物をまとめて、

「長い間お世話になりました」

と、おかあさんとお姉さんに、お礼を言ってお別れした。

第六章

実家に帰ってから

私は、父の言う通りに、京都から帰って来ました。

大きい姉達夫婦はすでに家を出ていました。

「なぜ家を出たの」

と、聞くと、

「義兄さんが机に向ってする仕事でないと、身体が保たないから」

だとのことだった。

私が京都へ出てから、姉達は山田の奥へお弁当持ちで行っていた。父もたまには手伝うつもりだったそうだが、二人は仕事に疲れて、昼寝をしていたこともあったようで、なれない畑仕事は余り出来ていなかったそうです。

たまたま手伝いに行った父が昼寝していた二人を起すと、びっくりしていたとのことだった。

そんなことがあってか、このままでは無理だと思い、姉達は京都へ出ていったとのことだった。

それからは当然のことながら、両親だけでは仕事が思うように出来なかったというのが実情のようだった。

姪は京都の中学校を卒業して、私と同じく定時制高校へ入学したのです。私が京都で、少女マンガの「フレンド」を買って、読み残していた作品を読んでは楽しんでいたと言いました。

帰ってみると、私が学生時代にしていた仕事で変わったことと言えば、鶏が増えたので、その世話と卵の出荷、それに牛の赤ちゃんが生まれたり、豚に水をかけて体や小屋を洗ったりすることでした。豚はとても気持よさそうにしていた。これらの家畜たちはとても可愛くて世話するのも楽しかった。

姉が出て行ってからは、田植えの準備、苗取り、田植えは全て近所の方に来てもらって、していただいたと言っていました。

「とても大変だったのや」

と父が言った。

〃山田〃の稲もとてもよく育ちました。こうなると、実りの秋はいろいろと心配事が増えます。となりに猪が出るというので、藁人形にタイヤを入れて火でいぶして草をかぶせる、これを四ヶ所に作り、刈り取りまでの間、毎日、私が自転車で行って田を見回ります。時々は父が心配して様子を見に来てくれたのです。

父もびっくりして、

「初めてのことなのに、よくここまでした」

と、言ってくれた。

刈り取った稲は、リヤカーに積んで牛が引っぱってくれたので助かった。以前は足でガクン、ガクン、と扱《こ》いでしていたが、今ではそれも脱穀機と籾《もみ》すり機に代わり、楽になっていました。早稲《わせ》のお米は酒米として供出した。

仔牛と豚を売ることになり、私は情が移って可哀相で涙が出た。知らぬ間に大切な仔牛を売られてしまい、どこを探しても見つからないため、親牛がモウモウといつまでも鳴いて、可哀相だったので、いつもより多めに草をやったり、藁を入れてやったりした。

父が私に、

「良く世話をしてくれたので、いい値段で売れたよ」

と、言って喜こんでくれ、少しだけ小遣いをくれた。正直言ってうれしかった。

またある時には近所の下級生の男の子が、

「映画を見に行こうや、赤胴鈴之助やで」

と、言って、誘ってくれたので自転車で見に行った。またサークルにも入ったので楽しみも増えていった。

父は私に、力を身につけるようにと、土木業者の人に頼み、力仕事を探してくれ、

「明日から来るように」

と、言われて、土木作業員の見習いに行ったり、道路測量のお手伝いにも行きました。現在の県道です。農業の合間に行ったので、次から次へと仕事が待っておりました。


私は緊張感が解けてか、時々寝坊してしまい、父に、

「早く起きろ」

と、言われたり、

「模範を示せ」

と、言われていました。

「学校やサークルで習ったこと等を思い出せ」

とも言われた。また父は私に、「おまえは、お金で大きくなったのや」と、言うつもりだったと思います。でも私は普通の栄養食で大きくなったのと違い、どことなく体もひ弱で智恵遅れのようです。自分から計画して何でも段取りしてやれず、誰かが指示をしてくれると、良く仕事はするというような受け身の人間になっていたのです。

このことは親にも言えなかった。

それでも私は父の言う通りに桑採りや春が来ると田植えの準備にも行きました。水

田を利用して、畝《うね》を作りならしておく、種籾《たねもみ》は一晩、お風呂の残り湯に浸けて、朝、水切りをしてから消毒液に浸ける。

時間が経てば数日間、土の中で芽出しをする。芽が出たら、畝に種籾を蒔《ま》き、鍬《くわ》で種が見えなくなるまで押えて、畝が浸かる程度に水を入れる。

田んぼは水が入る前に、肥料と牛の厩《うまや》肥えを田全体に撒き散らしてから、牛で田鋤《たすき》をする。

私は牛の鼻持ちをした。最初はフウフウと言って、牛が追いかけてきそうな気がした。慣れてくると、どうということもなく鋤き終わることができた。後で、

「よく頑張ったなあー」

と、言って牛を撫ぜてあげた。よく歩いたので、こういう日はさすがに少し足がだるかった。

「何月何日に、〝伊根〟(伊根湾)から水路に水が入るよ」

と言って、係の人から、おふれがあります。岸裏や畦に土を寄せて、水が漏れないようにした。水が入りだしたら畦《あぜ》を先に田鋤をして、後は田全体を手で鋤いてもらった。

田の中はヒルがいるので、モンペの中に灰を入れて紐で括《くく》って仕事した。

田植えは腰が張るので大変だった。

田の畦に小豆を片足ずつ歩きながら植えたので、よく芽が出てこれには母がびっくりしていた。

その頃は除草剤もなく、手で草取りをしていました。農道を人が通られ挨拶されても、下ばかり向いているので、分からない時もありました。家に帰る時は稲苗を結んで目印にした。

小豆には二番草の時に土をかけた。サークルの人が、

「上野さん、地球の掃除も大変やなあー」

と、からかうのだった。面白い人達やと思った。

私は、父の注意の言葉をもらった日からは一生懸命に仕事に励んだ。母と私はお弁当を持って山田へ、田の草刈りと田植えの準備に行った。田んぼが小さいのでミツマタで田を耕して畦をぬり、鍬でならして出来上りでした。

お昼、母がお弁当を食べている時に、

「父が『娘が芝居を見せてくれた』と、近所の人に喜んで話していた」

と、私に言った。聞いてうれしかった。

私に帰って手伝いをするように言ったのは、将来は私を家の跡取りにするつもりだったとのことでした。

でも、姉のこともあるしと、思案をしているとのことだった。

「だから、あんたに厳しく教え込もうとしているのや」

「うん、分かっている」

「それとな、今、水道が在所に敷かれているのは、その時に在所の人が管を埋めるのに、道を掘られた時、明夫ちゃんは頑張って掘っていたのに、義兄さんは慣れずに掘るのが遅かった。あれでは若い人に恥かしかったと思って情けなかったのやな」

と、私に話してくれた。若い人は田んぼにも来て良く働いていたと言った。学生時代の思い出として懐かしく聞いていた。


私の家は茅葺き屋根なので、丁度葺き換えの時期が来てました。

近所から男の人が三人来られ、食事の用意をした。献立てが大変だったが、いろいろと考えながら、魚屋さんと相談し配達してもらった。

今の時代と違って電気製品もありません。七輪、カマドで作った。焼き物、サラダ、おすまし等、母が作ってくれた、鉄砲漬等と、いろいろと考えて三日間程料理をしました。

数日経ってから、

「珍しいものを食べさせてもらった」

と、母に言われたそうです。何も出来なくて悪かった、と思っていたのに、その言葉だけでも私はうれしかった。役に立てたと母に、

「おおきに」

と、言った。大きい姉ちゃんがいる時に、なぜ私は料理を作ることが出来なかったのかと、不思議だった。

私は母の代理で五月八日の「花おり」に「新仏様」の家へ、お供えを持ってお参りに行き、母の言った通りの言葉をそえて挨拶しました。その家は、高校の同級生の親戚でしたが、友人に逢うこともなく帰って来ました。

私も帰ってから、仕事も慣れて近所の苗取りや、田植えのお手伝いに行った。また、近所からもお返しに手伝いに来てくださった。

こうして、私も世間の方達との交流が出来ると思うと、楽しくなってきた。

学生時代にしてきた仕事とほとんど同じことで、特別にどういうことはなかった。

私は、母の実家へ行くのに荷物を自転車で運び、母は途中までバスで行き、待合わせをした。実家へ行く途中で、知らない人が私に、

「おばあちゃんとこへ行くのか、気を付けて行きや」

と、親切に声をかけてくださった。

「ありがとう」

と、頭を下げた母を見て、おばあちゃんによく似ていたのだなあと思いました。私は前にも、通りかかった時に、知らない人から、

「気をつけていきや」

と、言ってもらったことを覚えている。

その時に、カバヤのおまけで、水鉄砲を持って行ったら、男の子が喜んで遊んでいたのを思い出しました。おばあちゃんの家から、近くにお墓があった。あれは、平家

の墓地で一二〇〇年という文字が書いてあった。おばあちゃんの家は財産もあり、仕事を辞めれば遊んで暮せると聞いたように思う。

我が家と比べものにならないと思った。

またある時、私はサークルで京都へ行きました。

友達とは帰りが別なので、私は列車を降りてバスでしたが、途中で乗り継ぎのバスに遅れて歩いていると、一台のトラックが、

「どこまで帰るのや」

と言って、途中まで送ると言ってくださった。おことわりして歩いているとそれから、また、一台の車が通り、

「こんな時間に歩くと朝になるよ」

と言って、家の近くまで車で送ってもらった。

帰ったら午前二時だった。母は心配して待っていた。

車に乗せてくださった人の名刺を貰ったので、後でお礼をした。今の時代だったら、どうだろうと思った。

それ以降、何度も夜九時頃まで歩いて帰ったことがあった。やはり同じ出身地の方

と語り合えるのが楽しみの一つだったので、つい帰りの時間を忘れて失敗した。

　私は姉妹達のことを思ったり、これから先どうしたらよいのかと、一人で悩んだり、ボーッと考えているうちに、十年や二十年の歳月が、走馬灯のように去ってゆき、今となり思い出すことは、小さい時両親が私に教えてくれた、いろいろなことなどです。

　お正月に、母はお雑煮を、父は豆木でお湯を沸かし、バケツに入れて表で顔を洗うのです。父が私に、

「お湯が沸いたので起きて顔を洗え。一緒にお祝いしよう」

と、言った。一人ずつ酌でお湯をかけ合いました。イロリを囲んで、父が、

「おめでとう。お祝いな」

と、言って、みんなも、

「おめでとう」

と、言って食べました。

　一月十四日の「どんど」で注連縄《しめなわ》を燃して、お餅を焼き、注連縄の灰を持ち帰り、

額に塗って一年間、病気をしないようにとお祈りするのです。お餅は、少しづつ食べて、雷が鳴ったらお祝いをする。農家は水が大事なので、雷が鳴り雨が降ると喜んでいました。

母がお正月に、甘酒を作っていましたので、誰もいない時に、おひつを開けて湯飲みに入れて少し飲みました。すると甘くておいしく身体が熱くなり、横になってしまいました。母はびっくりしていたようです。普通だったら怒ったでしょうけど、まだ、お酒の酔いが分からない私を見て笑っていたようです。

いろいろと思い出し、自然と涙が出て来ます。いろいろなことを思い出して、やっぱり心から両親に感謝しています。

これが、本当の「人生いろいろ」の自分史だと思います。

著者プロフィール
上野 明子（うえの あきこ）
1940（昭和15）年京都府生まれ
主婦

我が生い立ちの記——つれづれに

2007年12月15日　初版第１刷発行

著　者　上野 明子
発行者　瓜谷 綱延
発行所　株式会社文芸社
〒160-0022　東京都新宿区新宿１－10－１
電話　03-5369-3060（編集）
03-5369-2299（販売）

印刷所　株式会社平河工業社

ISBN978-4-286-03823-0